Peter Meissner

Niederösterreichisch für Anfänger

Ein heiteres Dialektlexikon
mit urigen Anwendungsbeispielen

Residenz Verlag

Bibliografische Information der Deutschen Bibliothek
Die Deutsche Bibliothek verzeichnet diese Publikation in der Deutschen Nationalbibliografie; detaillierte bibliografische Daten sind im Internet über http://dnb.d-nb.de abrufbar.

www.residenzverlag.at

Umschlaggestaltung: Matthias Mendietta
Umschlagillustration: Hubert Schorn
Typografische Gestaltung, Satz:
Ekke Wolf, typic.at
Gesamtherstellung: CPI Moravia

ISBN 978-3-7017-1590-9

Peter Meissner

Niederösterreichisch für Anfänger

Zwei Menschen, die angeblich beide Deutsch sprechen, können einander oft trotzdem nicht verstehen. Dieses Buch soll dazu beitragen, die sprachlichen Barrieren für unsere Gäste in Niederösterreich abzubauen. Aber auch für gelernte Einheimische ist es sehr reizvoll, die eigene Mundart einmal unter die Lupe zu nehmen und sich an ihrer Poesie und ihrem Humor zu erfreuen.

Niederösterreichisch als eigenen Dialekt des Bundeslandes gibt es natürlich nicht. Das lässt sich nicht trennen vom Wienerischen, und es gibt andererseits große Unterschiede zwischen den Mundarten in den vier Landesvierteln und manchmal schon von Ort zu Ort.

In ›Niederösterreichisch für Anfänger‹ sind rund 250 gängige Begriffe gesammelt, die man praktisch überall in Niederösterreich zu hören bekommt. Sie sind so humorvoll erklärt, dass man das Buch nicht nur zum Nachschlagen verwenden kann, sondern auch als komplette Lektüre. Unterhaltsam sind vor allem die Beispielsätze, in denen alle Schlagworte des Lexikons praktisch angewendet sind.

Und noch etwas: Vergessen Sie jede alte und neue Rechtschreibregel. Die Mundartausdrücke in diesem Buch sind (fast) so geschrieben wie man sie spricht.

Peter Meissner

A

Adaxl

lautet das herzige Dialektwort für Eidechse. Angeblich geht der Begriff auf das althochdeutsche *Egidehsa* zurück, dem *Adaxl* selbst ist das aber wahrscheinlich gar nicht so bewusst.

am Saund

ist man natürlich zum Beispiel am Strand von Jesolo. Wenn man hingegen von jemandem umgangssprachlich behauptet, dass er *am Saund* wäre, meint man, dass er gerade einen sozialen Abstieg durchgemacht hat und jetzt kein Geld mehr besitzt. Dann könnte er im schlimmsten Fall sogar ein *Sandler,* also ein Obdachloser, werden.

applanieren

muss man eine unangenehme Sache, die irgendwie Wellen geschlagen hat. Das heißt, man bügelt sie aus.

aschichtig

lebt jemand, der sehr einsam wohnt, mitunter kilometerweit vom nächsten Nachbarn entfernt. Das hat natürlich auch

Vorteile, und die haben auch schon viele Stadtmenschen schätzen gelernt.

auffe

oder *auffi* bedeutet hinauf. Es gibt zum Beispiel Menschen, die müssen unbedingt *auffi auf den Berg*, egal mit welchen Schwierigkeiten und Gefahren das verbunden ist. Denn wenn sie oben auf dem Gipfel stehen, können sie lustvoll *obe ins Toi* schauen.

Auf geht's!

lautet die im ländlichen Raum gebräuchliche Einladung, sich auf den Weg zu machen. Auch Musikanten verwenden das *»Auf geht's!«* gerne, hier ist es die Aufforderung, ab sofort in guter Stimmung zu sein, bereit auf den Tisch zu steigen und die Gläser zu erheben.

aufpudeln

tut sich jemand, der sich über etwas aufregt und wichtigmacht. Meistens wird er damit aber nicht viel bewirken und nur für stille Heiterkeit in der Umgebung sorgen.

auglant
lässt man jemanden, den man mit Verachtung straft. Es kann aber auch sein, dass man selbst in Ruhe gelassen werden will, weil man die eigene passive Haltung nicht aufgeben möchte. Dann sagt man *»Loss mi auglant!«*

auhiasln
bedeutet anstreichen. Wobei in diesem Wort auch eine gewisse Schlampigkeit zum Ausdruck kommt. Ein ausgebildeter Malermeister wird niemals etwas einfach *auhiasln*.

aunstrudeln
heißt, jemandem überschwänglich irgendwelche Geschichten erzählen, sodass es auf Dauer ziemlich lästig wird. Das *Aunstrudeln* beherrschen aber auch berufsmäßig die Heurigenmusikanten, die einzelnen Gästen ganz persönliche Ständchen bringen. Wenn sie dafür ein Trinkgeld bekommen haben, gehen sie zu einem anderen Tisch.

Auraund nehmen
bedeutet, sein Ziel mit einem Anlauf erreichen zu wollen. Einen *Auraund* nimmt sich aber gewissermaßen auch einer, der endlich

einen Entschluss fasst. Zum Beispiel einen Kuss zu riskieren.

ausschwabn
ist keine besonders anspruchsvolle Tätigkeit. Sie bedeutet nur, dass man ein Glas, eine Flasche oder ein anderes Gefäß ausschwemmt oder ausspült. In Amerika sollen damit schon große Karrieren begonnen haben, bei uns sicher nicht.

B

Bahö
also ein Wirbel, Tumult und Radau, ist in einer ordnungs- und ruheliebenden Gesellschaft natürlich unerwünscht. Aber ein *Bahö* hat immer auch eine gewisse Anziehungskraft und Faszination. Deshalb ist ein *Bahö* auch niemals schlecht besucht.

bakschierlich
nennt man ein kleines Kind, wenn man ausdrücken will, dass es besonders herzig oder drollig ausschaut. Solche Kinder gibt es zwar auch heute noch, aber das Wort

wird immer seltener verwendet. Schade, dabei ist es so *bakschierlich*!

Bam aufstön

also einen Baum aufstellen, tut einer, der Widerstand leistet. Querulanten machen das grundsätzlich immer, doch es ist oft auch ein Ausdruck für begrüßenswerten zivilen Ungehorsam.

Bampaletsch

kommt ursprünglich aus dem Italienischen. *Bamboleccio* ist eine Verkleinerungsform von *Bambino*, also sagt man Bampaletsch zu einem kleinen Kind.

Bandl

nennt man ein kleines Band, zum Beispiel zum Zuschnüren der Schuhe. *Im Bandl* sind zwei oder mehrere Personen hingegen, wenn sie gemeinsam etwas aushecken, das meist nur ihnen persönlich nützt.

barabern

bedeutet schwer arbeiten. Im engeren Sinne ist ein *Baraberer* zum Beispiel jemand, der im Straßenbau arbeitet, also ein Arbeitnehmer, auf den bei der Pensionierung die sogenannte *Hacklerregelung* anzuwenden wäre, eine Art vorzeitiger Ruhestand.

Bartl

ist die Kurzform für Bartholomäus. Wenn einer *weiß, wo der Bartl den Most holt*, dann ist er jemand, der sich auskennt. Einer der vielen Deutungsversuche dieser Redewendung besagt, dass der Bräutigam bei der biblischen Hochzeit zu Kana gewusst hat, wo er den Wein herbekommt und Bartholomäus geheißen hat. Na ja ...

Bassena

nennt man das meist am Gang eines Zinshauses befindliche Wasserbecken, an dem früher Wasser geholt wurde, bevor es auch in den Wohnungen aus der Leitung kam. Rund um diesen einzigen Wasserhahn eines Stockwerks pflegte man mit Genuss den *Bassena-Tratsch.*

Bauxal

ist ein Begriff, der aus dem Lateinischen *pauxillus* für *winzig* kommt und ein kleines, noch einigermaßen hilfloses Kind bezeichnet. Als *Bauxaln* sind die Kleinen stets am allerliebsten.

Beia
ist für den Gärtner ein Albtraum, genau genommen eine Pflanze aus der Familie der Süßgräser. Auch wenn man ihre unterirdischen Rhizome ausgräbt, bildet sich aus jedem zurückbleibenden Stückchen gleich eine neue Pflanze. Der klassische Fall von Unkraut.

Beisl
könnte aus dem jiddischen *bájiss* für Haus oder dem böhmischen *hampejz* für Bordell kommen. Wenn man aber erst einmal in einem *Beisl*, also in einem kleinen, einfachen Gasthaus, gemütlich isst und trinkt, ist das völlig wurscht.

benzn
tut jemand, der inständig um etwas bittet und bettelt. Auch mehrmalige Ablehnung des Wunsches kann das Benzn nicht so schnell abstellen.

betakeln
heißt so viel wie betrügen und beschwindeln. Das Wort soll aus dem jiddischen *Takel* für Nachschlüssel gekommen sein. So ein Ding ist natürlich die ideale Voraussetzung für Missetaten jeder Art.

betropezt
kann man mit konsterniert oder bestürzt übersetzen. Meist entgleisen einem dann die Gesichtszüge und man schaut auch ganz *betropezt* drein.

Beuschl
ist ein umgangssprachliches Wort für die Lunge. Man nennt auch eine in Ostösterreich beliebte Speise so, weil sie vorwiegend aus der Lunge hergestellt wird. Weniger gesund sind sogenannte *Beuschlreißer*, das heißt, besonders starke Zigaretten.

Bleamal
sagt man zu einem Blümchen. Das Wort sollte nicht mit *Bleampl* verwechselt werden, der ein Tölpel oder Dummkopf ist.

bloßhappert
bedeutet eigentlich mit bloßem *Happel*, also unbedecktem Haupt. Allerdings wird *bloßhappert* inzwischen meist für barfuß verwendet. *Bloßhappert* gehen soll übrigens recht gesund sein!

Blunzn
sagt man zu einer Blutwurst oder, wenn man eine Ohrfeige bekommen möchte, zu einer voluminösen, geistig etwas unbeweglichen Frau. Mit den Worten »*Das is mir Blunzn!*« drückt man dagegen aus, dass einem etwas völlig egal ist.

Bodewaschl
ist die Bezeichnung für eine Respektsperson. Auch wenn die Jugendlichen heutzutage von erwachsenen Autoritäten nicht mehr viel halten, wenn der Bademeister pfeift und schimpft, kehrt im Schwimmbecken zumindest kurzzeitig ein wenig Disziplin ein.

Botzn
dient zur Aufwertung anderer Begriffe. Wer etwa eine *Botzn Erbschaft g'mocht hot*, der kann das Leben fortan aus vollen Zügen genießen. Ein *Batzerl* ist dagegen ein weniger erfreulicher kleiner Botzn, das machen zum Beispiel die Vögel aufs frisch polierte Auto.

bozwach
soll heißen, dass etwas so weich ist wie ein nasser Botzn Lehm. Trotz einer harten

Schale kann übrigens auch das Gemüt eines Menschen *bozwach* sein.

Bramburi

hört man nur mehr selten. Es ist das ursprünglich tschechische Wort für die Kartoffeln, die hier noch unter zwei weiteren Bezeichnungen bekannt sind: als *Grundbirn* und *Erdäpfel*.

Bratlfettn

nennt man das wohlschmeckende Nebenprodukt eines (Schweins)bratens, das man sich zum Beispiel beim *Heurigen*, in einer Buschenschank, gerne aufs Brot schmiert.

Brezn

heißt ein beliebtes Gebäck, zu dem man im Osten Österreichs gerne *Brezerl* sagt. Wenn jemand *eine Brezn reißt*, heißt das jedoch, dass er spektakulär stürzt, zum Beispiel mit dem Fahrrad. Vielleicht kommt es daher, dass die Flugbahn bei so einem Sturz mit einer *Brezn* vergleichbar ist.

brocken

kommt von brechen und ist ein sehr gebräuchliches Wort für pflücken. *Brocken* kann man daher vor allem Blumen und *Schwammerln*. Siehe diese.

Brüller
sagt man zu einem Brillanten. Es kann aber auch ein guter Witz ein absoluter *Brüller* sein, womit auf die Lautstärke des entstehenden Gelächters hingewiesen wird.

Bschoadpackerl
lautet die alpenländische Bezeichnung für Wegzehrung. Ein *Bschoadpackerl* nimmt man mit, wenn man einen Ausflug macht, oder man bekommt es am Ende einer Feier, wenn vom Essen noch etwas übrig geblieben ist.

Bsuf
nennt man einen Trunkenbold. Dieser ist jedenfalls ein Mensch, der mit dem Leben Probleme hat. Umso mehr, wenn er in seiner Umgebung schon als *Bsuf* bekannt ist.

Buckl
heißt in der Umgangssprache ganz allgemein der Rücken des Oberkörpers, auch dann, wenn er nicht so aussieht wie beim Glöckner von Notre Dame. *»Rutsch ma den*

Buckl runter!« sollte man nicht wörtlich nehmen, es heißt nur »Lassen Sie mich in Ruhe!«

Buschkawü
steht für Wirbel, Durcheinander und Unfrieden. Siehe *Bahö*.

Buserer
sind eine unangenehme Sache, es sei denn, man meint damit Geschlechtsverkehr. Denn ein Buserer ist zunächst ein Zusammenstoß, zum Beispiel mit dem Auto.

büsln
ist eine besonders süße Form des Schlafens zwischendurch. Heutzutage könnte man dazu auch Powernapping sagen.

Butön
korrekterweise Bouteille (französisch), nennt man in Österreich die schlanke 0,75-Liter-Weinflasche. Sie ist erst in den letzten Jahrzehnten so beliebt geworden, früher hat man den Wein lieber gleich im *Doppler*, also in der Zwei-Liter-Flasche, gekauft.

D

dadirren
heißt verdorren, also *dürr* werden. Wenn jemand ein guter Gärtner sein will, darf seinen Pflanzen so etwas nicht passieren.

dasig
kann man aus verschiedenen Gründen sein, etwa weil man zu viel Alkohol konsumiert hat oder gerade erst aufgewacht ist. Dann fühlt man sich verwirrt und benommen. Ein *dasiger* Mensch ist jedenfalls ein gefährlicher Verkehrsteilnehmer.

dastessen
sollte man sich nicht, weder beim schnellen Laufen oder Fahren, noch bei der Arbeit. Denn es heißt stolpern, stürzen oder sich überarbeiten. Das ist alles nicht gesund.

deigseln
tut man eine Angelegenheit, wenn man sie ohne großen Aufwand zu einem guten Ende bringt. Der Begriff kommt von der Deichsel des Pferdewagens, denn es ist gar nicht so einfach, so ein Gefährt händisch an der Deichsel in die Scheune zu manövrieren.

Dirndl
sagt man zu einem Mädchen, insbesondere wenn es sich um ein hübsches, also ein *sauberes Dirndl* handelt. Das *Dirndl* ist aber auch das Trachtenkleid, welches das *Dirndl* trägt. Dieses *Dirndl* im *Dirndl* könnte schließlich auch noch einen *Dirndlschnaps* anbieten. Der heißt so, weil er aus den Früchten des *Dirndlstrauchs* (der Kornelkirsche) gewonnen wird.

Dirre
also eigentlich Dürre, nennt man in Österreich eine harte Dauerwurst, die durch Räuchern und Trocknen eine gerunzelte, dunkle Oberfläche bekommen hat. Sie eignet sich hervorragend als Reiseproviant.

drent
oder *drenten* heißt schlicht und einfach drüben und ist das Gegenteil von *herent.* Siehe dieses.

E

Eierspeis
nennt man ein Gericht, das auch ein unbegabter Koch zubereiten kann, denn die *Eierspeis* ist nichts anderes als eine ganz ordinäre Omelette bzw. ein Rührei.

eine
bedeutet als Dialektwort sowohl hinein als auch herein. Einem Menschen vor der Tür sagt man also: *»Kumm eine!«*

einwascheln
bedeutet reichlich gießen, am besten so lange, bis der Topf übergeht. In der Wohnung ist natürlich Vorsicht geboten.

einweinberln
tut man sich bei einem Menschen, wenn man sich von ihm einen Vorteil erwartet. *Einweinberln* heißt, dass man gewissermaßen die Rosine (die Weinbeere) im Kuchen sein will. Man schmeichelt sich ein.

Euzerl
lautet ein besonders liebenswerter Bestandteil der österreichischen Sprachkultur.

Das *Euzerl* bedeutet eine ganz kleine Menge, offensichtlich kleiner als jede bekannte Maßeinheit. Nimmt man zwei *Euzerln,* ist das eigentlich noch immer fast nichts.

Extrawiascht
gibt es zunächst in der Fleischhauerei. Wenn man dort eine Extrawurst verlangt, dann bekommt man eine feine hellrosa Wurst, die zum Basisangebot der Lebensmittelbranche gehört. Oft meint man mit der *Extrawuascht* aber auch eine unangebrachte Bevorzugung oder einen Sonderwunsch.

F

Falott
könnte aus dem Italienischen kommen – von *fa lotto*, das heißt, er spielt Lotto statt zu arbeiten. Unbestritten bleibt, dass ein *Falott* ein Gauner ist, mit dem man keine Geschäfte machen sollte.

Ferdl
sagt man in passenden Fällen zum Ferdinand. In den 50er-Jahren erreichte der von Helmut Qualtinger in einem Lied verkörperte *gschupfte Ferdl* besondere Berühmtheit. Er war ein etwas exzentrischer Ferdinand, der mit grün und gelb gestreiften Socken tanzen ging und auf dem Parkett schließlich eine Massenschlägerei auslöste.

ferscheln
heißt, dass der Fußballer den Ball mit der Ferse weiterbefördert. Ein *Ferschler* ist ein Trick, der im Erfolgsfall von allen bewundert wird.

Fetzen
steht für Lappen. Manchmal wird damit allerdings auch sehr uncharmant das Kleid einer Frau bezeichnet, und schließlich ist der *Fetzen* noch ein Dialektausdruck für einen alkoholischen Rausch. Dann sagt man zum Beispiel: *»Du hast ja an ganz schönen Fetzen!«*

Fetzenlaberl
waren bei angehenden Fußballspielern früher sehr beliebt. Denn darunter versteht man zusammengeschnürte Stoffreste, die man als Ersatz für den teuren Lederfußball verwenden kann. Die Flugeigenschaften eines Fetzenlaberls sind oft unberechenbar, aber das ist ja beim richtigen Fußball leider auch nicht viel anders.

Fiaker
nennt man in Österreich sowohl Pferdedroschken als auch deren Fahrer. Dass sie *Fiaker* heißen, geht auf die Rue de Saint Fiacre in Paris zurück, denn dort hat ein Pferdehändler im 17. Jahrhundert den ersten Standplatz für Lohnkutschen eingerichtet. Eine wunderbare Geschäftsidee!

Fiata
kommt von *Vortuch*, also einer meist blauen Textile, die sich insbesondere die Männer zur Arbeit vor den Bauch binden. Der *Fiata* wurde und wird besonders gerne von den Winzern getragen.

Flamme
heißt im Physikbuch der Bereich brennender Gase, in dem sichtbares Licht entsteht.

Flamme nennt man aber auch die Geliebte, wobei man hier ebenfalls darauf achten muss, dass sie nicht eines Tages ausgeht.

Fleischlaberl
nennt man eine beliebte Speise, die man in der Speisekarte etwas vornehmer als Faschiertes Laibchen bezeichnet. Sie wird aus Faschiertem (Hackfleisch) gemacht, dem man Zwiebel, Eier, eingeweichte Semmeln und Gewürze beimischt. Die *Frikadellen* unserer deutschen Nachbarn sind nicht ganz dasselbe, weil sie unter anderem keine Semmelbröselhülle haben.

Fluchtachterl
heißt das letzte Achterl Wein, das man schnell noch trinkt, bevor man geht. Oft ist man da innerlich noch gar nicht wirklich für den Aufbruch bereit, und so werden aus einem Fluchtachterl unter Umständen auch mehrere.

Fopaa
müsste richtigerweise Fauxpas geschrieben werden, denn es handelt sich dabei um ein französisches Wort. Der *Fopaa* ist ein Verstoß gegen die Umgangsformen. Wer ihn begeht, steigt ins Fettnäpfchen.

Fotö
kommt ebenfalls aus dem Französischen und heißt korrekterweise *Fauteuil*. Zu so einem gepolsterten Lehnsessel mit Armlehnen müsste man in Deutschland *Sessel* sagen, während ein Sessel in Österreich ein eher einfaches Sitzmöbel bezeichnet. Der heißt in Deutschland wiederum *Stuhl*.

Fuzerl
sagt man zu einem winzigen Stoffrest oder einem ganz kleinen Stück Papier. Weil dieses Wort so lieb ist, kann man es aber auch für viele andere ganz kleine Sachen verwenden. *Fuzeln* tut einer, der sich mit winziger Schrift zum Beispiel einen Schummelzettel für die Schularbeit schreibt.

G

gach
heißt so viel wie jäh oder schnell. Man geht jemanden *gach* besuchen oder macht eine *gache* Handbewegung.

Gankerl
kann man zu einem Schlingel sagen oder, etwas drastischer, zum Teufel und zum Tod. Also ist es auch gar nicht gut, vom *Gankerl* geholt zu werden.

Gaudi
bedeutet Vergnügen oder Spaß. Letzterer kann auch auf Kosten anderer Menschen gehen, dann ist die *Gaudi* natürlich einseitig und sehr fragwürdig.

Germstriezel
kauft man sich gerne fürs Frühstück am Wochenende. In Deutschland müsste man im Geschäft einen Hefezopf verlangen, sonst könnte es passieren, dass man dort einen Stollen oder Strudel bekommt.

gfeanzt
ist einer, der voller Bosheit und Heimtücke steckt. Nach außen kann er dabei so aussehen, als würde er keiner Fliege etwas zuleide tun.

Gfrett
sagt man zu einer Unannehmlichkeit und Schererei. Das Zeitwort dazu lautet *fretten* und kommt vom mittelhochdeutschen *vret-*

ten für *sich abquälen*. In schlechten Zeiten haben viele ein *Gfrett*, aber man *frettet* sich halt durch.

ghupft wie ghatscht
könnte man wortwörtlich mit *gehüpft wie gegangen* übersetzen. Man will damit ausdrücken, dass es völlig egal ist, welchen Weg man wählt, um sein Ziel zu erreichen.

Giaßaumpa
ist vom Wortstamm her angeblich mit den griechischen Amphoren verwandt. Nur befindet sich in einem *Aumpa* halt kein Wein oder Öl, sondern im *Milliaumpa* Milch und in einem *Giaßaumpa* Wasser zum Blumengießen.

Gigerer
ist eine nicht sehr liebevolle Bezeichnung für ein Pferd. Das kann man schon daran erkennen, dass man früher auch zum Pferdefleischhauer *Gigerer* gesagt hat. Aber die gibt's ja heute nur mehr selten.

Gigritzpotschen
ist ein nicht existierender Ort als Synonym für *irgendwo*. In Deutschland würde man

dazu wahrscheinlich *Tripstrill* oder *Buxtehude* sagen, wobei es Buxtehude natürlich wirklich gibt.

Glumpat
schimpft man kaputtes, unnützes und wertloses Zeug, also *Gelumpe*. Trotzdem gibt man für irgendein *Glumpat* leider manchmal sehr viel Geld aus.

Gmoa
nennt man am Land das Gemeindeamt, das in größeren Orten im Rathaus untergebracht ist. *Auf die Gmoa* geht, wer als Bürger etwas regeln will (oder selbst auf der Gemeinde arbeitet). In jedem Fall sollte man dort einen halbwegs guten Eindruck machen.

Godl
sagt man zur Tauf- oder Firmpatin, das männliche Pendant dazu ist der Göd. Als *resche Godl* bezeichnet man dagegen ganz allgemein eine herbe Frau, die schlagfertig und nicht leicht zu behandeln ist.

Goi
schreien die Besucher eines Fußballspiels, wenn der Ball im Tor, also im *Goal* gelandet

ist. Das Wort bezeichnet sowohl den netzbespannten Kasten als auch den Treffer selbst.

Gössn

sind eine Plage, denn so nennt man bei uns die Stechmücken, die anderswo als *Schnaken* oder *Moskitos* bezeichnet werden. Der Begriff kann auch auf Menschen angewendet werden, nämlich dann, wenn jemand so dünn ist *wie a verhungerte Gössn.*

Grafflzeig

ist wertloser Plunder, den man eigentlich schon lange zum Sperrmüll geben wollte. Man tut es aber oft doch nicht, weil man vielleicht später noch was von dem *Graffl* brauchen kann.

Granada

ist eine Stadt in Südspanien. Aber wenn's *Granada spüt*, dann ist der Teufel los. Gebräuchlich ist diese Redewendung angeblich seit dem Erfolg des Liedes ›Granada‹ von Agustín Lara in den 30er-Jahren.

grea
ist zunächst die umgangssprachliche Form der Farbe Grün. Wenn's *grea wird,* kann das aber auch heißen, dass sich eine Angelegenheit gefährlich entwickelt.

Greißler
entspricht dem *Tante-Emma-Laden* in Deutschland, also einer Gemischtwarenhandlung mit Schwerpunkt auf Lebensmitteln. Glücklicherweise haben auch die größten und bestsortierten Supermarktketten den Greißler nicht ganz verdrängen können.

Greiwe
schimpft man ein altes, langsames Gefährt, etwa ein Auto oder Moped. Wer so ein *Greibel* benützt, muss immer mit der Möglichkeit einer Panne rechnen.

Gretl
ruft man kurz und bündig die Margarethe. *A fesche Gretl* muss hingegen gar nicht wirklich *Gretl* heißen, denn das ist einfach der sprichwörtliche Ausdruck für eine hübsche Frau.

Gschaftl
nennt man eine Nebenbeschäftigung. Ein *Gschaftlhuber* ist also ein Mensch, der sehr viele *Gschaftln* hat, oft weniger zum Zweck des Geldverdienens, sondern vielmehr, um sich wichtigzumachen. Er ist der klassische Vereinsmeier.

Gschichtl
bedeutet meistens nicht einfach eine *kurze Erzählung*, sondern so viel wie Lügengeschichte. *Gschichtln* werden in diesem Sinn auch nicht einfach erzählt, sondern dem Gegenüber *einedruckt,* also hineingedrückt.

Gschistigschasti
kommt aus dem tschechischen Wort *čisté saški* für *purer Unsinn*. Wenn jemand um eine Sache ein *Gschistigschasti* macht, dann bedeutet das ein unnötiges Getue, das einem dementsprechend auf die Nerven gehen kann.

Gschroppen
sind kleine Kinder, also Knirpse. Der Ausdruck könnte vom deutschen Wort *schrappen* für die Tätigkeit des Schabens stammen, wodurch ja kleine Bröckerln ent-

stehen. Zumindest gibt es keine plausiblere Erklärung.

Gspusi
hat sich aus dem italienischen *sposa* für *Braut* entwickelt. Es ist aber gar nicht so ernst gemeint, denn ein *Gspusi* bedeutet ein mehr oder weniger unverbindliches Techtelmechtel, einen Flirt.

Gstettn
hat es früher sehr viele gegeben, nämlich verwilderte, ungenützte Flächen, auf denen man Fußball spielen, Rad fahren und sonstige Abenteuer erleben konnte. Heute befinden sich auf den ehemaligen Gstettn meist irgendwelche Supermärkte und Parkplätze.

Guckerln
nennt man kleine Öffnungen zum Durchschauen, also auch kleine Fenster. Sogar die Augen selbst bezeichnet man oft als Guckerln, besonders wenn sie an Kindern oder hübschen Mädchen zu bewundern sind.

Gugaschecken
sind bei ihren Inhabern meist nicht sehr beliebt. Andere dagegen finden Sommer-

sprossen, so lautet die hochdeutsche Übersetzung, ausgesprochen herzig.

Gugelhupf

mögen auch Leute, die gar nicht wissen, was dieses Wort bedeutet. Denn der *Gugelhupf* ist ein süßer, mit Zucker bestreuter Napfkuchen, der in der Form so ähnlich aussieht wie ein klassischer Pudding. Teigrezepte gibt es viele, und manche sind natürlich streng geheim.

Gupf

nennt man einen abgerundeten Berggipfel, aber auch eine gehäufte Essensportion auf dem Teller. Wenn man über den einen *Gupf* gewandert ist, wird man den anderen umso besser genießen können.

Gwiax

wird verständlicher, wenn man dazu *Gewürgs* sagt. Am besten ist aber, wenn man gar nichts damit zu tun hat. Denn ein *Gwiax* ist auf jeden Fall eine Schererei oder Unannehmlichkeit.

H

Habara

bedeutet gleichermaßen Freund, Bekannter und Geliebter. Der hebräische Ausdruck *chawer* für Kamerad war offensichtlich so treffend, dass er in die österreichische Umgangssprache eingegangen ist.

Habedere

mit *Habe die Ehre* zu übersetzen, greift zu kurz. Diese Redewendung ist nämlich einerseits ein Gruß, den zum Beispiel der Ober eines Kaffeehauses entbietet, andererseits ein Ausdruck der Hochachtung, wenn jemand eine besondere Leistung erbringt. »*Na habedere!*« sagt man aber auch, wenn man erstaunt ist oder sich völlig erschöpft niedersetzt. Kurz, *Habedere* passt fast immer.

Habschi

ist eine Verniedlichung von *Haberer*, dem Freund oder Geliebten. Einen unguten Beigeschmack hat dagegen die *Verhaberung* von einflussreichen Persönlichkeiten. Das bedeutet nämlich, dass sie unter einer Decke stecken und üble Geschäfte machen.

hackeln
ist ein sehr gebräuchliches Wort für arbeiten. Die Arbeit selbst ist die *Hocken*, und wenn man keine hat, ist man *hockenstad*. *Hackeln* zwei Menschen miteinander, so kann das übrigens auch bedeuten, dass sie miteinander streiten.

Haftelmocher
ist ein längst ausgestorbener Beruf. Früher hat man nämlich aus Draht händisch die kleinen Haken und Ösen gebogen, die man zum Verschließen mancher Kleidungsstücke verwendet. Erhalten hat sich aber die Redewendung, dass ein sehr sorgfältiger Mensch *aufpasst wie ein Haftelmocher*.

Hallawachl
sagt man zu einem unverlässlichen Kerl, einem Schlingel. Ein *Hallawachl* kann darüber hinaus auch einen heruntergekommenen Eindruck machen.

hamgeign
könnte man im ursprünglichen Sinn so auffassen, dass man mit Geigenmusik nach Hause begleitet wird. Sprichwörtlich meint man aber, dass sich einer *hamgeign lassen* soll, um sich mit seiner Meinung nicht

lächerlich zu machen. Mit anderen Worten: *»Geh schleich di!«*

Hapfn
nennt man das Bett. Der Ausdruck kommt wahrscheinlich daher, dass es zwischen der Harfe und einem Bett gewisse Gemeinsamkeiten gibt. Beide bestehen aus dem Rahmen und einer Querverspannung. Die Harfe erzeugt allerdings wesentlich schönere Klänge.

harb
lässt sich in verschiedener Weise verwenden. Man ist *auf jemanden harb*, wenn man auf ihn böse ist. Der Fiaker fährt mit *zwa harbe Rappen*, womit er meint, dass er zwei lebhafte schwarze Pferde hat. Und eine *harbe Frau* ist schließlich eine, die eine scharfe Zunge besitzt.

Hascherl
sagt man mitleidsvoll, wenn man von einem schüchternen, unselbstständigen Menschen redet. Wahrscheinlich kommt das Wort vom *Heischen* des Bettlers um eine milde Gabe.

Hatscherei
ist die Bezeichnung für eine etwas mühsame Fortbewegung zu Fuß, sei es deshalb, weil man schon recht lange unterwegs ist, oder weil man infolge eines Gebrechens nur humpeln kann.

Haua
bedeutet Weinhauer oder Winzer. Mit der Haue bearbeitet er den Boden seines Weingartens (siehe *Weichat*) und schafft damit die Grundlage für fröhliche, weinselige Stunden. Dass der *Haua* heutzutage weniger haut, sondern mit dem Traktor fährt, heißt nicht unbedingt, dass er weniger Arbeit hat.

Haxn
nennt man bei Menschen und Tieren den Fuß oder das ganze Bein. Wenn man *jemandem das Haxl* stellt, bringt man ihn zu Fall, *haut man ihn ums Haxl*, bedeutet das Betrug.

Heckenklescher
ist ein minderwertiger Wein. *Kleschn* hat man früher zu einem sauren Wein oder Apfelmost gesagt, und weil man Reben gerne als Hecken an der warmen hölzer-

nen Hauswand zog, bekam der daraus gemachte Wein den Namen *Heckenklescher*.

Heindl
steht für ein Bodenbearbeitungsgerät, das zu den ältesten Werkzeugen des Menschen gehört. Man könnte dazu auch *Harke* sagen, allerdings kann man sich als Ostösterreicher das Wort *Heindl* wesentlich besser auf der Zunge zergehen lassen.

Heistodl
heißt ein einfaches, meist aus Holz errichtetes landwirtschaftliches Gebäude, in dem Heu aufbewahrt wird. Davon abgesehen ist der *Heistodl* auch ein Ort, an dem sich verliebte Menschen in aller Ruhe (körperlich) näher kennenlernen können.

Hemad
kommt vom mittelhochdeutschen *Hemidi* und ist damit eine ältere (aber heute noch sehr gebräuchliche) Form des Wortes *Hemd*. Merke: *Des letzte Hemad hot kane Toschn!*

herent
oder *herenten* sagt man, wenn man *herüben* meint. Das passende Gegenteil dazu ist *drent*. Siehe dieses.

Hetscherln
heißen die Früchte der Rosen, etwas salonfähiger werden sie als Hagebutten bezeichnet. Wie immer man sie auch nennt, sie eignen sich hervorragend zur Herstellung von Konfitüre, Likör und Tee.

hinich
bedeutet kaputt, unbrauchbar oder tot. Es ist eine Form von *hin*, also dahingeschieden, wirkt aber auf Menschen angewendet nicht besonders taktvoll. Es kann aber jemand ohne Weiteres von sich selbst sagen, dass er von einer anstrengenden Wanderung ganz *hinich* wäre.

Hirnederl
sagt man zu einem Schwachkopf. Ob das Wort von einer Person namens Eduard Hirn abgeleitet wurde, ist zu bezweifeln.

Hodalump
geht zurück auf den von der Bevölkerung nicht besonders hoch geschätzten Beruf des

Lumpensammlers und ist ein Schimpfwort für einen Taugenichts. Es setzt sich aus zwei Begriffen zusammen, die eigentlich dasselbe meinen: Hadern und Lumpen, mit einem Wort *Fetzen*.

hopadatschig
ist jemand, der sich ungeschickt, schwerfällig oder auch abweisend benimmt. Keine guten Voraussetzungen, um etwas zu erreichen, zum Beispiel die Zuneigung eines anderen Menschen.

hudeln
liegt dem gelernten Österreicher gar nicht, denn es bedeutet übereiltes, schnelles Handeln. Das widerspricht der allseits so beliebten Gemütlichkeit und führt außerdem leicht zu Fehlern, die ihrerseits wieder vermeidbare Mehrarbeit verursachen.

Huscha
sollte man keinen haben, denn das ist so etwas wie ein irreparabler Dachschaden. Harmlos ist es dagegen, wenn man jemanden *auf einen Huscha*, also ganz kurz besucht.

I

ins Gwand haun
tut sich einer, der sich bekleidet. Wählt er eine besonders elegante Kleidung, könnte man auch sagen, er *haut sich in Schale*.

I-Tipferl-Reiter
steht für einen sehr pedantischen Menschen oder einen, der immer auf seinen Prinzipien beharrt. Damit ist er das Gegenteil vom *Schlaumpadatsch*. *I-Tipferl-Reiter* haben zwar kein gutes Image, für manche Berufe sind sie aber geradezu prädestiniert.

J

Janka
tragen nicht nur die Leute auf dem Land, denn so eine bäuerliche, trachtige Jacke ist auch in der Stadt durchaus gesellschaftsfähig. Jedenfalls hält ein *Janka* warm und hält allerhand aus.

Jaukerl
ist ein verharmlosendes Wort für eine Injektion. Dabei jagt man durch die Nadel

ein wenig Flüssigkeit unter die Haut. Und weil jagen im Volksmund *jauken* heißt, ist das *Jaukerl* leicht erklärt. Oder sollte das Wort daher kommen, dass manche Menschen angesichts eines *Jaukerls* die Flucht ergreifen?

Jetti-Tant
ist nicht die Tante des legendären Schneemenschen, sondern eine imaginäre Person namens Henriette, der man jeden Blödsinn erzählen kann, weil sie alles glaubt. Wenn etwas *für die Jetti-Tant is*, dann war es gleichzeitig auch *für den Hugo*, also zwecklos.

Joschi
ist die Mundartversion von Josef, man kann damit aber auch einen Mantel oder Überrock meinen.

K

Kaisa
kann jeder sein, der eine Fertigkeit besonders gut beherrscht. Dann kommt der anerkennende Satz: *»Du bist a Kaisa!«* Man

regiert zwar kein Kaiserreich, erobert aber vielleicht andere Menschen auf sehr angenehme Weise.

Kampl
heißt zunächst einmal der Kamm. *A fescha Kampl* ist aber kein schönes Frisierwerkzeug, sondern ein attraktiver, jugendlicher Held. Meistens auch gut frisiert, aber dieser Zusammenhang kann nur vermutet werden.

Kapazunder
sind gesuchte Leute. Sie sind auf ihrem Gebiet *Kapazitäten* und wirken manchmal wahre *Wunder*. Also hat man einfach aus beiden Begriffen das Wort Kapazunder gebildet.

kartendippeln
tut jemand, der leidenschaftlich Karten spielt. Das ist auf jeden Fall besser, als nur ein *Bierdippler* zu sein, also ein Mensch mit ausgeprägtem Hang zum Bierkonsum.

Kaszettl
sagt man zu einem Wisch, einem losen Blatt Papier, in das man zum Beispiel auch ein Stück Käse verpacken würde. Der *Kaszettl* kann aber oft sehr wichtig sein, wenn

man sich schnell etwas darauf notiert hat. Nicht wenige große künstlerische Werke sollen mit einem *Kaszettl* begonnen haben.

Keischn

eigentlich *Keusche*, hat man früher zu einem kleinen Bauernhof gesagt. Heute meint man damit eine schon etwas baufällige Hütte, grundsätzlich ohne darin wohnende Bauern.

Kipferl

ein Wort, bei dem der gelernte Österreicher sofort an Butter, Marmelade und Kaffee denkt. Beim deutschen Wort *Hörnchen* stellen sich solche Assoziationen hierzulande schwerer ein. Zu den *Kipferln* gehören zum Beispiel so köstliche mondsichelförmige Backwaren wie das *Brioche*- und das *Vanillekipferl*.

Klampfen

kommt aus dem mittelhochdeutschen Wort *Klambe* für Haken. Eine *Klampfen* verwendet man am Bau dementsprechend als Eisenklammer zum Verbinden von Holzpfosten. Andererseits hat sie sogar kulturelle Bedeutung, denn *Klampfen* sagt man auch zur Gitarre.

Knofe
ist der Knoblauch. Beim Kartenspielen sagt man *Knofe* dagegen zu einem interessierten Zuschauer, der den Spielern angeblich Glück oder Pech bringen kann. Dementsprechend ist dieser Kiebitz dann ein guter oder ein schlechter *Knofe*. Es lebe die blöde Ausrede!

Koarl
ist zunächst einmal der Karl. Man kann sich aber auch *einen Koarl machen*, und das bedeutet dann, dass man sich einen Spaß bzw. Dummheiten leistet. Deftig, aber durchaus gebräuchlich ist die Redewendung »*Scheiß an, Koarl!*« – Tu dir nichts an!

Köch
hat sehr unterschiedliche Bedeutungen. Er kann die Bezeichnung für das Kohlgemüse sein, er steht aber auch für Streit. Hat man mit jemandem einen *Köch*, dann sollte man lieber nach Hause gehen (und sich dort zum Beispiel den vom Mittagessen übrig gebliebenen *Köch* aufwärmen).

kommod
ist ein angenehmes Wort. Es bedeutet nämlich gemütlich und bequem. Man kann zum

Beispiel *kommod sitzen* oder überhaupt als ganzer Mensch *kommod*, also umgänglich sein. Dagegen will niemand gerne *inkommodiert*, das heißt belästigt werden.

Kracherl
ist die schon etwas nostalgische Bezeichnung für ein kohlensäurehältiges, alkoholfreies Erfrischungsgetränk. Früher hat es in den Lokalen meistens nur gelbe oder rote *Kracherl*flaschen gegeben (mit Orangen- bzw. Himbeergeschmack), und beim Öffnen hat's gekracht. Daher der Name.

Kramuri
lautet die Sammelbezeichnung für eine Menge wertloses Zeug. Vermutlich hat man das Wort *Kram* mit der italienisch klingenden Endsilbe *uri* interessanter machen wollen. Das ist nur teilweise gelungen.

Kraufeidl
oder einfach *Krau* bedeutet Krähe. Dass man diese Vögel so nennt, hat mit ihrem krächzenden Ruf zu tun.

Kräutlerin
sagt man zur Gemüsehändlerin, die ja meistens auch verschiedene Kräuter anbietet.

Handelt es sich um eine Geschäftsfrau vom alten Schlag, dann sind ihr wahrscheinlich keine Facetten der Mundart fremd. Das vorliegende Buch wäre für sie jedenfalls kein sinnvolles Geschenk.

Kraxn

sagt man zu mehrerlei Dingen: zu einem Tragegestell (einer *Buckelkraxn*), das man auf dem Rücken trägt, zu einer nicht besonders zuverlässigen Maschine (einem Auto) und schließlich zu einer unleserlichen Unterschrift. Man wird irgendwann auch *a Kraxn reißen*, und das bedeutet dann, dass man für immer aufgehört hat, sich über *Kraxn* den Kopf zu zerbrechen.

Kredenz

nennt man ein Möbelstück, das in Deutschland vor allem unter der Bezeichnung Anrichte bekannt ist. Die *Kuchelkredenz* ist durch die Einbauküche verdrängt worden, erfreut sich aber als Antiquität heute wieder großer Beliebtheit. Wohl dem, der sie aufgehoben hat.

Kren reibn

tut man, wenn man Meerrettich mithilfe eines hobelartigen Werkzeugs in kleinste

Stückchen schabt. Wenn dagegen jemand oder etwas *zum Krenreibn ist*, dann ist er bzw. es, sprichwörtlich gesagt, nicht zu gebrauchen.

Krochledane
nennt man eine ehrwürdige alte Lederhose mit abgenutzter und vielleicht auch speckglänzender Oberfläche. Denn das ist der große Vorteil an diesen kurzen oder Kniebundhosen: dass man sie nicht waschen muss, kann bzw. darf.

Krodnlokn
setzt sich aus *Krodn* für Kröte und *Lokn* für Pfütze zusammen. Als *Krodnlokn* bezeichnet man also einen Teich, der im Sommer vielleicht eine angenehme Erfrischung verspricht, das Prädikat See aber trotzdem nicht verdient.

Kuli
steht für ein beliebtes Schreibgerät, in dem eine Tintenpaste durch eine Kugel auf das Papier übertragen wird. *Kulis* sind zwar weit verbreitet, aber wenn man einen braucht, hat man sicher gerade keinen dabei.

L

Ladl
heißt die kleine Schwester der großen Schublade. Trotzdem verstecken sich in einem *Ladl* manchmal ganz wichtige und wertvolle Dinge.

Lamourhatscher
leitet sich natürlich von *l'amour,* der Liebe, ab. Ein verliebtes Paar tanzt gerne zu einem langsamen Stück, und dabei kommt es, wie schon der Name sagt, nicht so sehr auf besondere Tanzschritte an, sondern nur darauf, dass man in engem Körperkontakt bleibt. Siehe auch *Hatscherei*.

Lausbua
sagt man gerne zu einem unfolgsamen, schlimmen Knaben. Wahrscheinlich, weil man ihm unterstellt, von Kopfläusen befallen zu sein. Dieses Schimpfwort ist aber selten wirklich böse gemeint.

Lawua
kommt vom französischen *Lavoir* und bedeutet Waschschüssel. Die ist normalerweise schon längst vom Waschbecken mit Fließwasseranschluss abgelöst worden, aber

in vielen Haushalten hat sie trotzdem überlebt, weil man ein *Lawua* eben vielseitig verwenden kann. Zum Beispiel für ein Fußbad.

Leibal
hat man zu einem Bekleidungsstück für den Oberkörper gesagt, bevor das T-Shirt aufgekommen ist. Aber: Wenn jemand in einer Sportmannschaft nicht mitspielen darf, hat er dort *ka Leibal*. Und es kann auch einer, der seine Angebetete nicht für sich gewinnen kann, bei ihr *ka Leibal reißen.*

Leitn
hat nichts mit einer Leiter zu tun, sondern ist die Bezeichnung für einen Abhang. Jemand, der *Sonnleitner* heißt, war ursprünglich einer, der am sonnigen Abhang gewohnt hat, im Gegensatz zum *Schattleitner.*

Lepschi
kommt vom tschechischen Wort *lepši* für *besser*. Wer auf *Lepschi* geht, der ist also zu etwas Schönerem und Besserem unterwegs, er macht sich einen schönen Abend.

Lodn
sind Bretter. Wenn man einen *Lodn* in Arbeitshöhe auflegt und darauf Waren ver-

kauft, dann ergibt sich die Grundform eines Ladens, also eines Geschäfts. So einfach ist es, Kaufmann zu werden.

Lusta

nennt man in Österreich einen von der Decke hängenden Kronleuchter. Wenn aber jemand *wie ein Lusta brennt*, ist das nicht unmittelbar lebensgefährlich. Es bedeutet nur, dass er für irgendetwas sehr viel Geld *brennen*, also ausgeben muss.

M

Machatschek

nennt man einen Menschen, der allgemein als rühriger Manager und Anführer gilt. Es kommt allerdings leicht vor, dass ein *Machatschek* seine eigenen Fähigkeiten ein bisserl überschätzt.

Madl

sagt der *Bua* zu seinem Mädchen. Aber auch ganz allgemein bezeichnet man mit *Madl* eine Person weiblichen Geschlechts von der Geburt bis zu einem gewissen Höchstalter. Dieses kann und soll man jedoch nicht so genau definieren. Außerdem gibt es zum Beispiel noch *Stubenmadln* und *Küchenmadln*, bei denen dann das Geburtsjahr überhaupt keine Rolle spielt.

Marie
ist ein weiblicher Vorname. Die *Marie* kann Menschen sehr gut zur Arbeit motivieren, denn so lautet auch eine beliebte Bezeichnung für Geld. So lange *die Marie stimmt*, macht man gerne Überstunden.

marod
stammt aus der Militärsprache und bedeutet krank oder kränklich. Ein *maroder* Werktätiger ist jedenfalls ein Fall für den Krankenstand.

Marün
korrekterweise Marillen, heißen in Österreich die Aprikosen. Wenn aber jemand fragt: *»Bist hin in da Marün?«*, will er wissen, ob man im Kopf nicht ganz richtig ist. So eine Frage muss man nicht beantworten.

Mensch
ist man grundsätzlich, wenn man zu den Säugetieren aus der Ordnung der Primaten

gehört. *Das Mensch* hingegen bezeichnet umgangssprachlich ein Mädchen, sodass man nach einer Geburt oft die Frage hört: *»Ham's an Buam kriagt oder a Mensch?«*

mir nix, dir nix

ist eine Redewendung, die man mit *ohne Weiteres* oder *ganz einfach* übersetzen kann. Wenn jemand zum Beispiel *mir nix, dir nix* sein Auto ins Halteverbot stellt, wird er sehen, was er davon hat. Man wird es *mir nix, dir nix* abschleppen.

Mizzi

lautet eine Dialektvariante des Vornamens Maria.

motschkan

ist eigentlich eine Unart. Denn es bedeutet, dass jemand ständig schimpft, aber doch nicht so laut, dass er persönlich durch seine undifferenzierte Kritik in Schwierigkeiten geraten könnte.

N

nodich
sollte man nicht sein, denn das heißt knausrig. ›*A nodicher Beidl*‹ ist also ein Geizhals, *nodiche* Zeiten wirtschaftlich schlechte Jahre.

Nokabazl
sagt man zu einem nackten Menschen, vor allem zu kleinen Kindern, die in ihrer Nacktheit noch ganz unbefangen sind.

O

obe
oder *owi* ist die im Osten Österreichs übliche Form von *hinunter* und somit das Gegenteil von *auffe*.

Obrige
nennt man alle Menschen, die in der Gesellschaft eine vermeintlich höhere Stellung haben, als man selbst. Sie sind das verhasste Ziel aller Stammtischgespräche.

Ochta
sind bei Kriminellen gefürchtet, denn so nennt man die Handschellen der Polizei. Aber auch wenn das Fahrrad einen *Ochta* hat, ist das unangenehm, denn dann weist die Felge einen seitlichen Schlag auf, der die Lust am Radfahren beträchtlich schmälert.

Oida
bedeutet *Alter*. In der Umgangssprache wird das Wort aber ganz unterschiedlich verwendet. So ist *mei Oida* mein Vater oder mein Ehemann und *der Oide* der Chef.
In der Sprache der Jugendlichen kann man *Heast Oida* grundsätzlich zu jedem sagen, den man nicht per Namen ansprechen will. Da ist dann oft schon ein Fünfzehnjähriger ein *Oida*.

oschasseln
heißt, jemanden mit billigen Ausreden abzuspeisen, ihn gewissermaßen fortzujagen. Und aus dem französischen Wort *chasser* für jagen hat sich das *Oschasseln* auch entwickelt.

oseun
also abseilen, ist nicht nur ein wichtiges Wort aus der Bergsteigerei. *Oseun* tut man

sich im Alltagsleben immer dann, wenn plötzlich das Gefühl aufkommt, es wäre besser zu verschwinden.

P

Pantscherl
steht für ein kleines, vorerst noch ziemlich unverbindliches Liebesverhältnis. Es kann sein, dass man ein *Pantscherl* nach ein paar Tagen verdrängt hat, aber der Weg zum Standesamt ist natürlich nicht ausgeschlossen.

Paradeiser
ist der im Osten Österreichs leider immer seltener verwendete Name für die Tomate. Er ist eine Verkürzung des schönen Wortes *Paradeisapfel*, während Tomate vom aztekischen Wort *Xitomatl* kommt. Aus Mittel- und Südamerika hat man den *Paradeiser* nämlich nach der Entdeckung des Kontinents importiert.

Partie
kann die Bezeichnung für eine Gruppe von Menschen sein, die *Partie* eines Spieles

oder eine Landpartie, einen Ausflug. Manche machen auch bei Heiraten eine gute *Partie* oder fotografieren eine *Partie* des Gesichts.

Pfandl
bedeutet zweierlei: die Pfanne, in der man sich eine Eierspeise macht, und die Pfandleihanstalt. Dort kann man wertvolle Dinge hinterlegen und bekommt dafür einen Kredit.

Plaunkn
nennt man einen starken Bretterzaun. Wenn die Bretter der *Plaunkn* ganz dicht aneinandergenagelt sind, kann man nicht mehr sehen, was der Nachbar (oder die Nachbarin) im Garten macht. Das macht Astlöcher manchmal sehr begehrt.

Poidl
ist die liebevolle Dialektversion von Leopold. Der Tag des gleichnamigen niederösterreichischen Landespatrons wird zum Beispiel *Poidl-Tag* genannt. Und viele Menschen erinnern sich heute noch gerne an den Nachkriegspolitiker Leopold Figl, der ebenfalls schlicht und einfach *der Poidl* war.

pritscheln
ist ein Wort, das schon vom Klang her vermittelt, dass damit das Herumspritzen mit Wasser gemeint ist. Wo einer pritschelt, da sollte der Lappen nicht weit sein.

Pritschn
steht für eine ursprünglich hölzerne Liegestatt. Da die Anzahl der *Pritschn* im öffentlichen Bad normalerweise kleiner ist als die der Badegäste, herrscht um jede noch so harte Liege ein hartnäckiger, mit allen Mitteln geführter Kampf.

Protzn
nennt man eine große, kräftige Hand. Wenn man *die richtige Protzn* für eine Tätigkeit hat, dann ist man dafür besonders geeignet.

Pücha
schimpft man einen Strolch. Ursprünglich meinte man damit einen Pilger, der während seiner Reise an einen heiligen Ort das edle Ziel aus den Augen verloren hatte und sein Leben mit Gaunereien bestritt.

R

Reindl
heißt ein wichtiges Utensil der Küche, eine Kasserolle bzw. ein Schmortopf. *Reindl* ist aber auch die uncharmante Bezeichnung für einen Hut.

Reißen
steht für die reißenden und ziehenden Schmerzen des Rheumatismus. Man kann aber auch *jemanden in der Reißen haben*, das bedeutet, dass man sich auf gar nicht besonders angenehme Art mit ihm beschäftigt, zum Beispiel am Gericht.

Resi
ist der eingekürzte Name von Therese.

Riacha
ist eine Bezeichnung für die Nase. Wenn jemand für eine bestimmte Angelegenheit *an guatn Riacha* hat, dann kann er zukünftige Entwicklungen vorhersehen.

Rotzbua
ist der gängige Schimpfname für einen schlimmen, ungehorsamen Buben (er kann auch schon etwas älter sein). Hängen dem

Buben schon die *Rotzglocken* aus der Nase, weil er das vor lauter Schlimmsein gar nicht bemerkt, dann ist *Rotzbua* sogar eine wortwörtlich zutreffende Bezeichnung.

ruacheln
ist keine positiv besetzte Betätigung. *Ruacheln* tut jemand, der sich aus Habgier überarbeitet. Der Ruachler selbst wird seinen Fleiß allerdings bestimmt anders beurteilen.

S

Schaffl
nennt man einen runden Holzbehälter für Wasser, der früher sowohl zum Wäschewaschen als auch zur Körperreinigung verwendet wurde. In jüngster Zeit feiert das rustikale *Schafflbad* in der Wellnessbranche fröhliche Urständ.

Schanigoatn
heißt ein improvisierter Gastgarten vor dem Eingang eines Lokals, der in der warmen Jahreszeit durch das Aufstellen von Blumenkisten, Tischen und Stühlen ent-

steht. *Schani* (die aus dem Französischen entstandene Kurzform von Johann) ist ein legendärer Dienstbotenname, und so hat der Wirt im Frühjahr gesagt: *»Schani, trog den Goatn auße!«*

Schbendierhosen

gibt es nur im sprichwörtlichen Sinn. Wer sie trägt, der ist in Spendierlaune und lädt zum Beispiel alle Leute im Wirtshaus auf die Getränke ein. Diese Großzügigkeit sollte man in Anspruch nehmen und genießen.

Schdosuppen

macht man, wenn man Hunger hat und nichts Großartiges kochen will. Man macht sie aus Sauerrahm, Wasser und Mehl und würzt sie mit Salz, Kümmel und Pfeffer. Früher hat man die Stosuppe (so die korrekte Schreibweise) am Land sogar statt dem Frühstückskaffee genossen.

Scherzl

ist eine Bezeichnung für das übrig bleibende Brotende, wenn der Laib schon fast ganz aufgeschnitten wurde. In Wien sagt man zum *Scherzl* auch *Buckl*, aber wie auch immer: Das *Scherzl* teilt die Menschheit in jene, die unbedingt nur dieses wollen, und andere, denen es zu schwer zum Beißen ist.

Schiri
bedeutet Schiedsrichter. Er ist also der Verantwortliche, der das Spiel zweier Sportmannschaften überwacht. Dass er unparteiisch ist, behauptet immer nur das Team, das gerade gewonnen hat.

Schlaumpadatsch
nennt man einen schlampigen, nachlässigen Menschen. Der *Schlaumpadatsch* selbst wird sich dagegen einfach als großzügig bezeichnen, nach dem Motto: Wer Ordnung hält, ist nur zu faul zum Suchen.

Schlipferl
sagt man zu einem kleinen Schluck. Den dürfen zum Beispiel Kinder vom Eierlikör machen. Wenn Erwachsene vor dem Heimgehen noch *a Schlipferl* trinken wollen, kann das hingegen noch Stunden dauern.

Schmecks, Kropfada
sagt man, wenn man auf sehr schnippische Art zum Ausdruck bringen will, dass man die Antwort auf eine Frage verweigert.

Schmecks ist die Aufforderung etwas selbst zu schmecken bzw. zu wissen und *Kropfada* ein Schimpfwort.

Schmoan

genauer gesagt Schmarren, kann man im Gasthaus bestellen. Dann bekommt man entweder so etwas Süßes wie den *Kaiserschmoan* oder einen pikanten *Kartoffelschmoan*. Weil ein *Schmoan* normalerweise nicht viel kostet, verwendet man den Begriff auch für wertloses Zeug.

Schorschi

ruft man im Osten Österreichs, wenn man den Georg sprechen will.

Schreamsn

könnte man mit Schräge oder Diagonale übersetzen. *Über d' Schreamsn* geht also jemand, der sich schräg hinüber bewegt und gerade Wege verschmäht. Das ist oft vorteilhaft, denn hintenherum ist man meist schneller am Ziel und bleibt vielleicht auch unbemerkt.

Schtraukn

kommt wahrscheinlich aus dem mittelhochdeutschen Wort *strûche* für Katarrh und bedeutet Schnupfen. Achtung – Ansteckungsgefahr!

Schurl
ist eine weitere Form von Georg. Weil der heilige Georg oft mit einer Ritterrüstung und einem Helm abgebildet wurde, hat man in der Folge Polizisten und Feuerwehrmänner als *Schurl mit der Blechhaubn* bezeichnet.

Schwammerl
ist hierzulande die gängige Bezeichnung für Pilze in Wald und Flur. Wer allerdings *narrische Schwammerln gfressen hat*, der ist übergeschnappt und muss deshalb nicht wirklich giftige *Schwammerln* zu sich genommen haben.

Schwüh
nennt man einen leichten Rausch und damit die Vorstufe zu einem *Fetzen*. Mit einem *Schwüh* ist man gerade angenehm benebelt und sieht die Welt meist etwas positiver als sie ist. Siehe *Fetzen*!

Seidl
auch *Seiterl* genannt, ist für österreichische Biertrinker ein sehr wichtiges Wort. Wenn

man es bestellt, bekommt man ein *kleines Bier*, das heißt 0,3 Liter, obwohl es nach der alten Maßeinheit des Wiener Seidels eigentlich genau 0,354 Liter sein sollten. Das waren damals 2 *Pfiff.*

sekkiern
bedeutet, jemanden wiederholt und nachhaltig zu ärgern und zu belästigen. Wer so was tut, ist ein *sekkanter Mensch* und sollte gemieden werden.

Semmerl
sagt man hierzulande zu einem Brötchen. Eigentlich heißt es ja Semmel, aber die in Teilen Österreichs so beliebte Verkleinerungsform soll das beschriebene Ding noch delikater und begehrenswerter machen.

Sepperl
ist die umgangssprachliche Form von Josef. Man kann zum Josef aber auch *Sepp*, *Pepi* oder *Joschi* sagen. Siehe *Joschi*.

Sissi
ist die Elisabeth. Als berühmteste Trägerin dieses Namens gilt Kaiserin Elisabeth, die seinerzeitige Gemahlin von Kaiser Franz

Joseph. Die schrieb man aber – etwas vornehmer – Sisi.

Soizamt

war einmal in der österreichisch-ungarischen Monarchie die Bezeichnung für eine Institution zur Verwaltung des Salinenwesens. Später verkam das Salzamt zur Bezeichnung für eine nicht existierende Behörde, bei der man sich gerne beschweren kann, wenn einem irgendetwas nicht passt.

speanzeln

bedeutet laut indogermanischer Wurzel eigentlich nur schauen. Das Wort steht aber heute für blinzeln, gucken und liebäugeln. Wer *speanzelt*, kokettiert also bereits.

Speuterl

ist eine typisch österreichisch unexakte Mengenangabe. Ein *Speuterl* Butter erhält man, wenn man von dieser mit dem Messer eine dünne Scheibe schneidet. »*Von dem kaunnst da a Speuterl oschneiden!*« bedeutet hingegen, dass man sich jemanden zum Vorbild nehmen soll, und ist nicht wörtlich zu nehmen.

Spompanadeln
macht man, wenn man Unsinn redet, widerspricht oder sich widersetzt. Wenn jemand dagegen sagt: *»Moch wegn mir kane Spompanadeln«*, dann will er nicht, dass man Umstände macht. Ob er das nur so aus Höflichkeit sagt oder sich trotzdem über ein paar *Spompanadeln* freuen würde, bleibt dahingestellt.

Sprüngerl
heißt zunächst einmal kleiner Sprung. Es ist eine beliebte Redewendung, jemanden *auf ein Sprüngerl* zu besuchen. Theoretisch sollte das ein sehr kurzer Besuch sein, wenn man sich aber erst einmal hingesetzt hat, kann ein Sprüngerl auch sehr lange dauern.

Stanitzel
ist ein Wort, über das wohl schon viele deutsche Urlaubsgäste geschmunzelt haben. Sie sagen dazu nämlich Tüte. Das *Stanitzel* hat mit dem italienischen *›cartoccio‹* für *›Kartusche‹* eine offensichtliche Verwandtschaft, doch darüber wird sich kaum jemand ernsthafte Gedanken machen, wenn er gerade ein *Stanitzel* Eis genießt.

Stockerl
sagt man zu einem einfachen Hocker. Einen Platz auf dem *Stockerl* wünscht sich aber nicht nur der, der sich ein wenig ausruhen will, sondern auch jeder Sportler. Denn ein *Stockerl* ist außerdem das Siegerpodest in einem sportlichen Wettkampf, auf dem die drei Besten ihre Medaillen entgegennehmen.

Stözn
richtigerweise Stelze, nennt man den gekochten, gebratenen oder gegrillten Unterschenkel des Schweins. In Bayern müsste man dieses Gericht als *Schweinshaxe* bestellen und im übrigen Deutschland vorwiegend als *Eisbein*. Deftig ist es überall.

studiern
ist natürlich die Aufgabe des Studenten. Aber wenn jemand *studiert,* wer der Mensch sein könnte, den er da gerade getroffen hat, dann heißt das nur, dass er intensiv darüber nachdenkt. Er wird sich auch bei einem richtigen Ergebnis keinen akademischen Titel erwerben.

T

Topfengolatschen
lautet ein Wort, an dem schon mancher Gast aus dem Ausland verzweifelt ist. Dieses gefüllte Süßgebäck als Quarktasche zu bestellen ist zwar sachlich richtig, es geht damit aber eindeutig der köstliche Teigduft verloren, den die aus Böhmen stammende Golatsche schon beim bloßen Gedanken daran verströmt.

tramhappert
geht auf zwei Worte zurück: auf den Traum und das Haupt. Wer also in seinem Kopf gerade nur Träume hat, der ist *tramhappert* und wird von der Wirklichkeit um ihn herum nicht viel mitbekommen. Reden Sie ihn am besten gar nicht an!

Tröpferl
ist ein völlig irreführender Begriff. Jeder praktizierende Weintrinker weiß, dass damit nicht ein kleiner Tropfen, sondern ein – insbesondere gutes – Glas Wein gemeint ist. Das *Tröpferl* ist wahrscheinlich ganz gezielt zur Verharmlosung des persönlichen Weinkonsums erfunden worden.

Tschapperl
nennt man mitleidig eine kleine hilflose Person. Ein *Tschapperl* steht dem Leben sehr naiv gegenüber, und im Restaurant oder beim Heurigen darf es sich oft mit einem *Tschapperlwossa*, also einer Limonade, begnügen.

tschinogeln
ist eine Bezeichnung für schweres Arbeiten. Siehe auch *barabern*.

tschundern
tut einer, der wenig Zeit hat, denn es bedeutet rennen oder schnell fahren. *Getschundert* wird also heute praktisch überall, nur ist es den meisten gar nicht bewusst, weil sie das Wort nicht mehr kennen.

Tuchent
ist die österreichische Bezeichnung für eine mit Federn bzw. Daunen gefüllte Bettdecke. So eine Decke ist kuschelig warm, aber weil sie auch sehr gut verbirgt, was sich darunter abspielt, ist es sprichwörtlich geworden, dass geheime Sachen *unter da Tuchent* passieren.

U

umme

lautet das in der ostösterreichischen Umgangssprache verwendete Vokabel für *hinüber*. Wenn man auf einer Bank sitzt und einer sagt barsch: *»Ruck umme!«*, dann sollte man ohne weitere Aufforderung ein Stück zur Seite rücken, aber nicht zu weit, sonst fällt man *obe*.

urassen

bedeutet verschwenden und vergeuden. Nicht *urassen* sollte man daher schon im eigenen Interesse mit einem sündteuren Olivenöl, insbesondere wenn man Gäste hat, die es nicht zu schätzen wissen.

Urli

ist zu ihren Urenkerln meistens ganz lieb. Genau genommen müsste man zu ihr Urgroßmutter sagen, aber das ist natürlich viel zu umständlich.

V

vajankan
heißt, etwas zu verlegen und zu verlieren. Wahrscheinlich weil im *Janka* so viele Taschen sind, dass man nicht mehr weiß, wo man etwas hingesteckt hat, aber das ist nur eine Vermutung. Siehe *Janka*.

vawoadaglt
bedeutet so viel wie misslungen, verunstaltet oder durcheinandergebracht. So kann zum Beispiel eine Frisur ganz *vawoadaglt* sein, dann sollte man sie *auf gleich richten*, bevor man in die Öffentlichkeit geht.

Viechdokta
Tierarzt oder Veterinär ist am Land ein wichtiger Beruf. Also betrachtet man ihn auch am dörflichen Stammtisch meist als Autorität.

Vroni
ist eine Kurzform von Veronika. Dass sich *Vroni* auf *Toni* reimt, hat Fred Raymond, den Komponisten der Operette ›Saison in Salzburg‹, zu einem bekannten Walzerlied angeregt.

W

Wappler
bedeutet so viel wie Mitläufer, Schlappschwanz oder Trottel. Jedenfalls ist es kein Zeichen besonderer Wertschätzung, wenn man als solcher bezeichnet wird.

waumpat
ist jemand, der eine *Wampe* hat, also einen dicken Bauch. Wenn man allerdings von seinen Mitmenschen nur mehr als *Waumpata* bezeichnet wird, dann sollte man etwas unternehmen: entweder fasten oder neue Freunde suchen (die vielleicht auch ein bisserl *waumpat* sind).

Weichat
sagt der Winzer zu seinem Weingarten. Der ist neben dem Keller sein Arbeitsplatz, und dort arbeitet er zum Wohle der Wein trinkenden Menschheit bei jedem Wind und Wetter.

Weinba
lautet die bodenständige Bezeichnung für die Weinbeere bzw. die Trauben, die von vielen, hoffentlich *siaßen Weinban* gebildet werden.

Weisel
ist ein abweisendes Wort. Benimmt sich jemand in einem Lokal nicht ordentlich, dann gibt ihm der Wirt den *Weisel*, das Lokalverbot. Unangenehm ist auch, wenn eine Frau ihrem Lebensgefährten den *Weisel* gibt. Denn das bedeutet für ihn den Laufpass.

Wettl
ist eine Kurzform des Namens Barbara, auch wenn man das gar nicht vermuten würde.

Weudl
sagt man, wenn einem das korrekte Wort Walter nicht angemessen erscheint.

Wiascht
sind zwar real existierende Würste, aber man verwendet sie sehr gerne auch sprichwörtlich. Man sagt *»der ghört in die Wiascht«*, wenn dieser zu nichts zu gebrauchen ist.

X

Xöchts
sollte man richtigerweise als *Geselchtes* bezeichnen. Gemeint ist damit geräuchertes Schweinefleisch. *Xöchts* isst man am besten mit Kraut und Knödeln oder mit Senf und Kren.

Z

Zauraungal
wünscht man sich nicht, wenn man gerne große Früchte ernten will. Denn unter einem *Zauraungal* versteht man ein klein gewachsenes, verkümmertes Ding.

zeidi
bedeutet zum Beispiel zeitig in der Früh. Sie sind *zeidi* sagt man aber auch zu reifen Früchten.

Ziguri
ist die *Zichorie*, eine Pflanzengattung der Korbblütler. Die Blätter kann man als Salat essen, und aus der Wurzel hat man in schlechten Zeiten Kaffee-Ersatz gemacht.

Wenn man über den *Ziguri* im Rasen schimpft, dann meint man den gelb blühenden Löwenzahn.

zlängst
bedeutet so viel wie entlang oder neben. Zum Beispiel geht ein *Bsuf* (siehe diesen) vorsichtig *zlängst* der Mauer, damit er nicht umfällt.

znepft
ist jemand, der einen zerrupften und zerknitterten Eindruck macht. *Znepft* sehen jedenfalls die meisten Menschen aus, wenn sie gerade aufgestanden sind.

zodad
schimpft man einen Menschen, der unfrisiert, ungepflegt und unordentlich aussieht. Dieser hat wahrscheinlich vor allem grausliche *Zodn*, das heißt Haare.

Zuanbinkerl
sagt man zu einem (kleinen) Choleriker. Kinder können bekanntlich in lautstarke Erregungszustände geraten, wenn sie zum Beispiel an der Supermarktkasse von ihren Eltern nicht die Süßigkeit bekommen, die sie gerade haben wollen.

Zuwizahrer
verwendet man zum *Zuwizahn*, also zum Heranziehen entfernter Objekte. Man kennt diese optischen Geräte auch unter der offiziellen Bezeichnung Fernglas.

Zwetschkn
ist ein interessantes Wort, weil darin der Name einer Stadt verborgen ist. Es stammt aus dem spätlateinischen *damascena* und bedeutet Pflaume aus Damaskus. Dort war die *Zwetschkn* offensichtlich einmal exklusiv zu Hause.

Soweit also das Lexikon.
Es wird Ihnen vielleicht aufgefallen sein, dass in den Mundartwörtern ziemlich viele *Os* zu finden sind. Die muss man sehr oft als abgedunkelte *As* verstehen. Wenn Sie sich ganz entspannt vor einen Spiegel setzen und darauf achten, dass Ihnen keiner zuhört, können Sie mit diesem Vokal experimentieren.

Artikulieren Sie zum Beispiel einmal ein hochdeutsches *Tag*: Die Lippen werden breit geöffnet sein. Spitzen Sie sie immer weiter zu, bis aus dem *Tag* ein *Tog* geworden ist, dann werden Sie auf dem halben Weg vom *A* zum *O* ziemlich genau die niederösterreichische Färbung dieses Wortes treffen.

Aber wenn jetzt nur alles so einfach wäre. *Klein* wird zum Beispiel in vielen Gegenden Niederösterreichs zu *kla*, in anderen zu *kloa*. Die *Mutter* wird generell zur *Muata*, kann sich aber sogar in eine *Muida* verwandeln.

Mit Theorie kommt man hier nicht weiter, deshalb lassen wir gleich die Praxis folgen. Auf den nächsten Seiten erwarten Sie eine

Menge Sätze, in denen alle Begriffe des Lexikons in einem mehr oder weniger sinnvollen, jedenfalls aber heiteren Zusammenhang stehen. Wenn Sie so einen Satz bei passender Gelegenheit in Ihre Konversation einbauen, ist Ihnen der Applaus beinahe sicher.

Wer **hopadatschig** is, wird bei die **Menscha** ka **Leibal reißen**.

Wer ungeschickt ist, wird bei den Mädchen keinen Erfolg haben.

Loss di **hamgeign,** du **Wappler,** sunst kriagst mit mir a **Gwiax**!

Verschwinde, du Trottel, sonst werde ich unangenehm!

Waunsd dir a **Pantscherl** aufaungst, wird draus leicht a **Bampaletsch**.

Wenn du dir eine Affäre anfängst, kann daraus unversehens ein Kind entstehen.

In an **Janka** und ana **Krochledanen** kaunst ruhig a bisserl **waumpat** sei.

In einer Trachtenjacke und einer Lederhose ist ein wenig Übergewicht kein Problem.

Wer immer nur **ruachelt**, **barabert** und **tschinogelt,** hot an **Huscha.**

Wer immer nur ans Geldverdienen denkt und sich abplagt, ist verrückt.

Da **Giaßaumpa** steht im **Heistodl** nem an **Heindl**.

Die Gießkanne steht im Heustadel neben der Harke.

Der **Bsuf** woa so **dasig**, dass er si übers **Stockerl dastessen** hot.

Der Trinker war so benommen, dass er über den Hocker gestolpert ist.

Moch kane **Spompanadeln** und geh in die **Hapfn**, sunst **spüt's Granada**!

Mach keine Schwierigkeiten und geh ins Bett, sonst kracht's!

Sei net so **nodich** und kauf uns a **Stanitzel** mit zwa **Gupf**!

Sei nicht so geizig und kaufe uns eine Tüte (Eis) mit zwei Kugeln!

Die **Wettl** woa **tramhappert** und hot mit ihrer **Kraxn** an **Buserer** baut.

Die Barbara war unkonzentriert und hat mit ihrem alten Wagen einen Unfall verursacht.

Der **Kaszettl** liegt im **Ladl** beim **Kramuri**!

Der Notizzettel liegt in der Lade beim Krimskrams!

Im **Beisl** um die Ecken gibt's heit **Beuschl** und **Fleischlaberln**.

Im kleinen Wirtshaus um die Ecke gibt es heute Lungenhaschee und Fleischlaibchen.

Der **Pücha** hot si beim Chef **eingweinberlt** und überoi seine **Habara** sitzen.

Der Gauner hat sich beim Chef eingeschmeichelt und überall seine Freunde sitzen.

A **Eierspeis** mochst mit an **Speuterl** Butter und an **Euzerl** Salz.

Rührei macht man mit einer kleinen Spalte Butter und ein klein wenig Salz.

Mogst zum **Seidl** a **Xöchts**, a **Blunzn** oder a **Stözn**?

Willst du zum kleinen Bier ein Geselchtes, eine Blutwurst oder eine Schweinshaxe?

Da **Bodewaschl** auf da **Pritschn speanzelt** noch die **Madln**.

Der Bademeister auf der Liege schaut den Mädchen nach.

Waun mi des **Hirnederl** no länger **aunstrudelt,** gibt's an **Bahö**!

Wenn mich dieser Dummkopf noch länger anquatscht, gibt es einen Wirbel!

Da **Schurl** is mit sein **Greiwe** noch **Gigritzpotschen tschundert**.

Der Georg ist mit seinem alten Fahrzeug nach Tripstrill gerast.

Waun a **I-Tipferl-Reiter** mit an **Schlaumpadatsch** hackeln muass, gibt's an **Köch**.

Wenn ein Pedant mit einem schlampigen Menschen arbeiten muss, gibt es Streit.

Der **Falott** hot si a **Gaudi** g'mocht und die gaunze **Partie betakelt**.

Der Halunke hat sich einen Spaß gemacht und die ganze Gesellschaft betrogen.

Nur wer die richtige **Protzn** für die **Gigerer** hot, kaun a **Fiaker** werd'n.

Nur wer die richtige Hand für die Pferde hat, kann ein Kutscher werden.

Die **Mizzi** mocht sich heut mit die **Gschroppen** an **Koarl**.

Die Maria macht sich heute mit den Kindern einen Spaß.

Waun i no a **Schlipferl** trink, kriag i an **Fetzen**, i hob eh scho an **Schwüh**!

Wenn ich noch ein Schlückchen mache, bekomme ich einen Rausch, ich bin ohnehin schon leicht benebelt!

Zum **Greißler** gengans afoch über **d' Schreamsn** und foin no zwa Mal um!

Zum Gemischtwarenhändler gehen Sie einfach schräg hinüber und machen noch ein paar Schritte!

Über den **Heckenklescher** kaunst di beim **Soizamt aufpudeln**!

Eine Beschwerde über den schlechten Wein ist völlig sinnlos!

Waunst auf da **Klampfen** an **Lamour-hatscher** spüst, bist a **Kaisa**.

Wenn du auf der Gitarre ein langsames emotionales Stück spielst, bist du der Beste.

Waun da **Joschi** mit seiner **Flamme** auf **Lepschi** geht, brennt a wia a **Lusta**!

Wenn der Josef mit seiner Liebsten ausgeht, muss er sich finanziell verausgaben.

Den **Paradeiser** muasst urdentlich **ein-wascheln,** sunst **dadirrt** a da!

Die Tomate musst du ordentlich gießen, sonst verdorrt sie dir!

Do fohrn S' **obe**, links **umme**, a Stickel **auffe** und des Gassel **eine**!

Da fahren Sie hinunter, links hinüber, ein Stück hinauf und die kleine Gasse hinein!

Die **Sissi** is leider **am Saund** und muass ihren **Brüller** ins **Pfandl** trogn.

Die Elisabeth ist leider bankrott und muss ihren Brillanten in die Pfandleihanstalt tragen.

So **mir nix, dir nix** derf ma si von die **Obrigen** net **oschasseln** lossen.

So ohne Weiteres darf man sich von den Oberen nicht abfertigen lassen.

Wolln S' aufs **Semmerl** a **Hetscherl**-, **Zwetschkn**- oda **Marün**marmelad?

Wollen Sie auf das Brötchen eine Hagebutten-, Pflaumen- oder Aprikosenmarmelade?

Des klane **Zuanbinkerl** tuat nix wie **benzn**, **motschkan** und **sekkiern**.

Der kleine Choleriker kann nichts als betteln, nörgeln und auf die Nerven gehen.

I moch dir a **Bschoadpackerl**, und du trinkst daweu no a **Fluchtachterl**.

Ich packe dir das Essen zum Mitnehmen ein, und du trinkst in der Zwischenzeit noch ein Achtel Wein zum Abschied.

Mir wearn des schon **deigseln** und den **Fopaa applanieren**.

Wir werden das schon richten und den Fehler wieder ausbügeln.

I **studier** schon, ob der **Schorschi** mit'm **Weudl im Bandl** is!

Ich überlege schon, ob der Georg mit dem Walter unter einer Decke steckt!

Mir gebm S' bitte zwa **Kipferl**, an **Germstriezel** und a **Topfengolatschen**!

Mir geben Sie bitte zwei Hörnchen, einen Hefezopf und eine Quarktasche!

Des **Dirndl** hot eam den **Weisel** gebm, und jetzt schaut a gaunz **betropezt**.

Das Mädchen hat ihm den Laufpass gegeben, und jetzt steht ihm die Bestürzung ins Gesicht geschrieben.

Des **bakschierliche Bauxal** hot lauter **Gugaschecken**.

Das niedliche Kind hat viele Sommersprossen.

Er sitzt **kommod** im **Fotö** und **büslt**.

Er sitzt gemütlich im Polstersessel und schläft.

Mit die **Gössn** aun der **Krodnlokn** is heier a **Gfrett**!

Mit den Stechmücken am Tümpel ist es heuer ein Jammer!

Drent oder **herent**, des is **g'hupft wie g'hatscht**.

Drüben oder herüben, das ist völlig egal.

Des **hiniche Grafflzeig** kaunst auf die **Gstettn** fiarn!

Das kaputte, unnütze Zeug kannst du auf die Müllhalde transportieren!

Noch der laungen **Hatscherei** hot a jetzt die **Haxn** im **Lawua**.

Nach der langen Wanderung hat er jetzt die Füße in der Waschschüssel.

Der oide **Haua** im **Weichat** hot im **Fiata** a **Scherzl** Brot und a **Dirre**.

Der alte Winzer im Weingarten hat in der Schürze einen Brotanschnitt und eine Dauerwurst.

Sie wiad dem **gfeanztn Hodalumpen** scho zagn, wo der **Bartl** den Most holt.

Sie wird dem heimtückischen Taugenichts schon zeigen, wo es langgeht.

Der **Gankerl** findt si immer irgend a **Hascherl** für a **Gspusi**.

Der Schlingel findet sich immer eine schüchterne Kleine für ein Techtelmechtel.

I hob vor lauter **Hudeln** mein **Kuli verjankert**!

Ich habe in der Eile meinen Kugelschreiber verloren!

Sei ma net **harb**, oba des **Gschichtl** kaunst da **Jetti-Tant** dazön!

Sei mir nicht böse, aber diese Lüge kannst du jemandem anderen erzählen!

Er is net nur a **fescher Kampl**, sondern a a **Kapazunder** beim **Kartendippeln**.

Er ist nicht nur ein fescher Kerl, sondern auch ein Könner beim Kartenspielen.

Schau durch'n **Zuwizahrer**, daun siegst die **Keischn** mit die klan **Guckerln**!

Schau durch das Fernglas, dann siehst du die Hütte mit den kleinen Fenstern!

Beim **Schwammerlbrocken** muasst aufpassen wia a **Haftelmocher**.

Beim Pilzesammeln musst du sehr genau achtgeben.

Die **Vroni** hot mit'm **Radl** a **Brezn** grissen, und des hot jetzt an **Ochta**.

Die Veronika ist mit dem Fahrrad gestürzt, und das hat jetzt eine verbogene Felge.

Er is leider **marod** und losst si gegn sei **Reißen** a **Jaukerl** gebm.

Er ist leider krank und lässt sich gegen seinen Rheumatismus eine Injektion geben.

Habedere, der hot den Boin über 'n **Schiri** ins **Goi g'ferschelt**!

Alle Achtung, der hat den Ball über den Schiedsrichter mit der Ferse ins Tor geschossen!

Da **Ferdl** hot si an **Auraund** gnummen und die **Kredenz aughiaselt**.

Der Ferdinand hat sich aufgerafft und die Anrichte angestrichen.

I kumm **gach** auf a **Sprüngerl**, und du losst mi a **Fuzerl** vom **Gugelhupf** kosten.

Ich komme schnell vorbei, und du lässt mich ein kleines Stück vom Napfkuchen kosten.

Er is a oida **Machatschek** und mocht um jeden **Schmoan** a **Gschistigschasti**.

Er ist ein umtriebiger Mensch und macht um jede Kleinigkeit ein Mordsgetue.

Bring ma von da **Kräutlerin** a Kilo **Bramburi** und an **Knofe** mit!

Bring mir von der Gemüsehändlerin ein Kilogramm Kartoffeln und einen Knoblauch mit!

Da **Habschi** von da **Gretl** mocht mit seine **Gschaftln** a **Botzn Marie**.

Der Freund von der Grete verdient mit seinen kleinen Geschäften viel Geld.

Da **Viechdokta** wohnt recht **aschichtig** drobn auf da **Leitn**.

Der Tierarzt wohnt recht einsam oben am Hang.

Die **Resi** nimmt a **Reindl** und mocht für die **Urli** a **Schdosuppen**.

Die Theresia nimmt eine Kasserolle und bereitet für die Urgroßmutter eine Milchrahmsuppe zu.

Zlängst da Maua wochst da **Ziguri** und da **Beia**.

Entlang der Mauer wächst der Löwenzahn und die Quecke.

Bua, geh hea und hüf ma olle **Lodn** olodn!

Junge, komm her und hilf mir alle Bretter abzuladen!

Deine **Weinba** san scho **zeidi,** oba leida lauter **Zauraungal**!

Deine Weintrauben sind schon reif, aber leider alle sehr klein!

Auf da **Gmoa** sog'n s, i soi kan **Bam aufstön**, es gibt kane **Extrawiascht**.

Am Gemeindeamt sagen sie, ich soll keine Schwierigkeiten machen, es gibt keine Ausnahmen.

Des **Glumpat** is zum **Krenreibn** und g'hert in die **Wiascht**!

Das Zeug ist unbrauchbar und gehört weggeworfen!

Ois **Lausbuam** haumma am liabsten **bloßhappert** mit'm **Fetzenlaberl** gspüt.

Als Lausejungen haben wir am liebsten barfuß mit einem Fußball aus Stoffresten gespielt.

Des **Tschapperl** sitzt mit da **Godl** im **Schanigoatn** bei an **Kracherl**.

Das Kind sitzt mit der Patin im Gastgarten auf der Straße bei einem alkoholfreien Erfrischungsgetränk.

Der **Rotzbua** hot die **Schtraukn** und g'hörat unter die **Tuchent**.

Der freche Knabe hat einen Schnupfen und würde eigentlich unter die Bettdecke gehören.

Loss mi **auglant** mit deine **vawoadagldn Bleamaln**!

Lass mich mit deinen missratenen Blumen in Ruhe!

Du kaunst die **Butön** in da **Bassena ausschwabn**!

Du kannst die Weinflaschen im Wasserbecken am Gang ausschwemmen!

Pass auf dei **Hemad** auf, die **Bratlfettn** ist **bozwach**!

Gib auf dein Hemd acht, das Bratenfett ist ganz weich!

Der **Hallawachl** is gaunz **znepft** und **zodad**.

Der heruntergekommene Kerl ist ganz zerrupft und struppig.

Oida, moch kan **Buschkawü**, weu sunst wird's **grea**!

Mein Freund, mach keinen Wirbel, sonst wird es gefährlich!

Auf da **Plaunkn** sitzt a **Kraufeidl** und schaut auf a **Adaxl**.

Auf dem Bretterzaun sitzt eine Krähe und blickt auf eine Eidechse.

Schmecks, Kropfada, und rutsch ma den **Buckl** obe!

Die Frage will ich dir nicht beantworten, lass mich in Ruhe!

Da **Poldl** hot an **Riacha** ghobt und si rechtzeidig **ogseut**.

Der Leopold hat es schon vorausgeahnt und sich rechtzeitig aus dem Staub gemacht.

A klans **Nokabazl pritschelt** im **Schaffl**.

Ein nacktes Kind spritzt im Wasserschaff herum.

Mit an guaten **Tröpferl** soi ma net **urassen**.

Einen guten Wein soll man nicht sinnlos verschwenden.

Auf geht's, da **Sepperl** hot heut die **Schbendierhosen** aun!

Los geht's, der Josef lädt heute alle ein!

Peter Meissner, geboren 1953 in Baden. Seit Abschluss eines Studiums an der TU-Wien arbeitet er als Moderator und Redakteur beim ORF in Niederösterreich und widmet sich sonst dem Schreiben, Singen und Gitarrespiel. Bis heute hat er mehr als 200 Lieder komponiert und insgesamt 20 Tonträger aufgenommen. Daneben hat er mit Hörspielen und Büchern Erfolge gefeiert. In seiner Heimatstadt Baden ist er mit dem Kulturpreis ausgezeichnet worden.